AF265653

# APERÇU

## SUR LA

# GUYANE FRANÇAISE

### CONCERTÉ

Entre plusieurs Habitants de la Colonie

## EN 1869

---

## MARSEILLE

### TYPOGRAPHIE MARIUS OLIVE

RUE PARADIS, 68

—

1869

# APERÇU

## SUR LA

# GUYANE FRANÇAISE

CONCERTÉ

Entre plusieurs Habitants de la Colonie

## EN 1869

MARSEILLE

TYPOGRAPHIE MARIUS OLIVE

RUE PARADIS, 68

1869

TIMBRE
17
cent

# APERÇU

## SUR LA

# GUYANE FRANÇAISE

### CONCERTÉ

Entre plusieurs Habitants de la Colonie

## EN 1869

—————————

Depuis plus de deux siècles que les Français occupent la Guyane, ce vaste pays n'a fait que languir par suite des fautes successives qu'on y a commises.

Il eût fallu, dès l'origine, se concentrer dans le terrain le plus propre à y former des établissements, et en circonscrire l'étendue dans le cercle de l'île de Cayenne, de Tonnegrande, de Roura et des côtes de Macouria.

Les travailleurs ainsi groupés auraient pu se prêter un mutuel appui et profiter des avantages de l'agglomération, en attendant qu'un surcroît de bras eût permis de donner plus d'extension aux défrichements.

Au lieu de procéder ainsi, on a accordé, dans tous les temps, des terres dans les lieux les plus éloignés, selon la fantaisie de ceux qui en demandaient. Il en est résulté que de vastes terrains incultes ont séparé les colons les uns des autres. De là, l'isolement des propriétés, leur insalubrité et la difficulté des communications, principale cause de l'insuccès des exploitations.

Il semblait appartenir à la transportation de profiter des leçons du passé et de porter remède à une telle situation; mais rien n'a été fait à ce point de vue. On a disséminé à tout hasard la transportation depuis son établissement, en usant ses forces, au lieu de l'appliquer à faire des routes, des ponts et des canaux d'écoulement dans le cercle que nous venons de désigner.

On aurait ainsi, avec bien moins de dépenses et de mortalité, assaini et rendu accessibles à l'exploitation agricole, des terres fertiles et abandonnées, voisines du chef-lieu.

Ces travaux auraient profité aux habitants et ouvert une large voie à l'immigration qui aurait trouvé là des conditions de bien-être qui ne sauraient exister dans les établissements isolés, tandis qu'il n'y a à compter que des déceptions dans les nombreux essais qui, tous, ont été infructueusement tentés.

Aucune partie du vaste territoire de la colonie (comme le dit M. Rivière dans son ouvrage sur la Guyane) n'ayant été particulièrement désignée à l'administration, toute latitude lui avait été laissée pour le choix des localités où seraient établis les premiers centres de transportation. L'administration dut conséquemment procéder par voie d'exploration préalable, et on peut juger des erreurs dans lesquelles on est tombé, par l'historique des essais qui ont été tentés :

La Montagne d'Argent, qui fut le premier pénitencier établi sur le continent, a été abandonnée par suite des maladies qui ont atteint les condamnés et le personnel dirigeant.

A Saint-Georges, les défrichements ayant occasionné des fièvres fréquentes qui frappaient surtout les blancs, ce pénitencier fut supprimé et son personnel versé tout entier au Maroni.

Les essais de colonisation pénale entrepris à la Comté n'ont pas mieux réussi que ceux tentés à l'Oyapock.

Deux grands établissements, Sainte-Marie et Saint-Augustin, y furent formés. En 1855, la fièvre jaune vint y exercer d'affreux ravages. Dans les années qui suivirent, les fièvres intermittentes y prirent un caractère pernicieux. L'administration dut se décider, en 1859, à abandonner tous les établissements qu'elle avait fondés dans cette partie insalubre de la rivière. Les condamnés et tout le materiel furent dirigés sur le Maroni.

Un autre pénitencier était établi à Organabo. On y avait placé quelques condamnés qui s'occupaient de la ménagerie qu'on y avait fondée. Il a été supprimé.

Cependant, il avait fallu trouver un lieu pour placer

les libérés de Saint-Augustin qui, pouvant rentrer en France, attendaient leur rapatriement.

L'administration fit choix de la propriété domaniale de Montjoly.

L'insalubrité de cette localité et les dépenses qu'il eût fallu faire pour l'assainir, déterminèrent le département à en prescrire l'évacuation. Les libérés furent tous envoyés au Maroni.

La seule tentative qui ait paru présenter quelques chances de succès, est l'entreprise agricole et forestière fondée par M. le contre-amiral Baudin sur les bords du Maroni.

C'est à la suite d'une exploration qu'on y fit, que l'administration décida qu'un pénitencier, sous le nom de Saint-Laurent, serait définitivement établi sur ce point.

Sans se prononcer sur le résultat de ce dernier établissement, on peut dire que ce qui résulte actuellement de tout ce qui s'est fait, c'est que, après avoir dépensé cent millions et perdu beaucoup d'hommes, la transportation s'est successivement retirée des divers points du continent où elle avait fondé ses premiers établissements, et que toutes les entreprises, sans exception, tentées pendant les quinze années qui viennent de s'écouler, ne doivent être considérées que comme des tâtonnements.

On a dit, quelque part, que la France avait franchi la période d'essai et qu'elle venait d'entrer avec plus de sûreté dans l'application pratique de la colonisation pénale,

Dieu fasse que ces nouvelles espérances que ne sauraient justifier de funestes précédents, ne se perpétuent et ne viennent accroître encore le nombre des victimes et des mécomptes.

En donnant des bras à la Guyane, il faut non–seulement en faire l'application d'une manière intelligente, mais il est urgent, en outre, de faire exclusion de la race blanche. Celle–ci n'a jamais laissé après elle que des désastres.

Les Antilles même, dans un climat qui se rapproche bien plus que le nôtre de celui de l'Europe, n'a–t–elle pas fait, en 1848, quelques essais d'immigration européenne? Cette épreuve fut loin d'être heureuse, et nos deux colonies déclarèrent qu'elles se prononceraient toujours contre toute émigration de cette origine, toutes les fois qu'elle n'aurait pas pour but de procurer uniquement des chefs agriculteurs ou des ouvriers d'usine.

On a dit que cet insuccès ne prouvait pas que l'immigration européenne fût impossible, par la raison que les douze cents engagés qui avaient été introduits de France et d'Allemagne, à la Martinique et à la Guadeloupe, n'avaient pas été choisis dans des conditions convenables.

Mais où se trouvent donc ces conditions convenables, qu'on peut bien s'attendre à ne rencontrer jamais dans le blanc qu'on affectera ici aux travaux de la terre?

On ne saurait trop, à cet endroit, se pénétrer de ces paroles de Barbé–Marbois, paroles justifiées par une longue et funeste expérience : « La culture à bras de blancs, dans les pays intertropicaux, est un attentat à l'humanité ».

L'Africain est le travailleur qui convient le mieux à la Guyane.

Le Chinois est plus intelligent, plus industrieux, plus rangé, mais moins fort que l'Africain.

Les immigrants de l'Inde, après une période d'acclimatement assez difficile, parviennent à rendre de bons services. Il leur faudrait moins d'occasions, à la ville surtout, de se livrer à leurs habitudes d'intempérance.

Reste encore à utiliser les condamnés noirs et asiatiques, et ceux de l'Algérie qui, en raison de leur tempérament et de leur origine, peuvent être appliqués aux travaux des routes.

L'administration semble enfin avoir reconnu que le blanc ne saurait se livrer dans la Guyane aux travaux de la terre.

Mais n'a-t-elle pas devoir, d'un autre côté, de fermer l'île de Cayenne au funeste internement qui l'envahit ?

Il y a en ce moment, dans la ville de Cayenne, plus de sept cents libérés, dans un état complet de liberté, et parfois de dénûment, à charge par eux de pourvoir à leur existence.

Que les libérés réclament plus de liberté que les condamnés, c'est de toute justice ; mais l'administration serait-elle donc autorisée à les mêler, dans une proportion incompatible avec toute prévoyance et toute sécurité, aux habitants d'une petite ville impuissante et désarmée? Peut-on oublier que la loi de 1854 n'a eu pour but que de tenir éloignés de la mère-patrie, où leur présence paraissait dangereuse pour la sécurité publique, les condamnés arrivés à leur libération ?

Or, quand on redoute pour la France quelques centaines d'individus, qui, éparpillés sur tout le territoire de l'Empire, disparaissent, en quelque sorte, dans l'immensité de la population, peut-on avancer que ces mêmes hommes, pour la plupart sans ressources, amassés dans un petit centre de quelques milliers d'âmes, n'offrent aucun danger, et que nos craintes sont chimériques ?

Nous ne pouvons demeurer victimes d'un système qui n'a pas su combiner les principes de la colonisation avec les conditions de sécurité, dues à une colonie dont la faiblesse aurait dû faire la force auprès d'un pouvoir sincèrement pénétré de son devoir et de sa responsabilité.

Lorsque, en 1852, le gouvernement de la métropole se décida à décréter la transportation à la Guyane française, il se préoccupa, tout d'abord, des obligations que lui inspirait sa sollicitude pour la sécurité de la population de cette colonie. Sa première pensée fut de rassurer les habitants, en manifestant, dans un programme clair et précis, ses véritables intentions et le mode de direction qu'il entendait imprimer à cette importante mesure.

Le rapport adressé au Prince Impérial par M. Ducos, alors ministre de la Marine et des Colonies, en date du 20 février 1852, traçait avec netteté la ligne de conduite qu'auraient à tenir les fonctionnaires chargés d'exécuter les volontés du gouvernement.

« Le choix du lieu, dit le rapport, où notre établis-
« sement sera formé, doit être fait en vue de plu-
« sieurs conditions essentielles à combiner. Il faut que
« le pénitencier soit circonscrit, isolé ; que les déportés
« ne puissent avoir aucune communication libre avec le
« reste de la Guyane Française. Cette nécessité résulte
« à la fois du régime que m'a recommandé votre haute
« prévoyance, et des dangers que le pénitencier, autre-
« ment conçu, présenterait pour le bon ordre et la
« sécurité de notre colonie ».

Près de dix-huit ans se sont écoulés depuis cette époque. Des tentatives nombreuses ont été faites sur tous les points de la Guyane, et les hommes chargés de la direction de l'œuvre sont encore à chercher, comme au premier jour, une solution qu'ils ne trouvent pas. Débordés par les difficultés d'une tache au-dessus de leurs forces, mis en demeure par de pressantes dépêches de réduire les dépenses sans cesse englouties dans ce gouffre pénitentiaire qui, depuis tant d'années, dévore des millions et ne produit que des victimes ; condamnés chaque jour à recourir à des expédients pour dissimuler leur impuissance, ils n'ont trouvé d'autres moyens pour réaliser des économies, que de se débarrasser du far-deau des libérés en les jetant en ville par centaines, sans moyens d'existence.

Les yeux incessamment tournés vers cette île de Cayenne dont on leur avait imposé le respect et interdit l'approche, ils essayent de faire diversion à leurs continuels échecs, en la présentant comme le salut de la transportation.

Or, pourrait-on jamais persuader à personne que ces libérés dont on n'a rien obtenu sur tous les établissements pénitentiaires, trouveront dans le travail des moyens d'existence, une fois livrés à eux-mêmes et à une liberté absolue, sur un sol où ils ne peuvent, pour la plupart, se procurer aucune ressource et où ils sont incapables de subvenir à leur existence?

Hélas! on fait chaque jour la triste expérience du contraire.

Il n'est pas inutile de mettre sous les yeux du lecteur, pour l'édifier sur la situation qui nous a été faite, certains passages d'interrogatoires de ces libérés :

Le nommé Potier (François-Joseph), transporté de la 4e catégorie, prévenu de vol depuis son envoi à Cayenne, faisait dernièrement cette réponse :

« J'ai fini mon temps à la Guyane, mais, comme aujourd'hui on ne veut plus nous rapatrier gratuitement, j'ai été obligé de rester ici. . . J'avais un petit jardin chez M. X... à raison de vingt fr. par mois, que j'ai dû abandonner, n'y faisant pas mes frais. Je me suis donc trouvé sur le pavé de Cayenne dans le plus complet denûment, et si j'ai été voler, c'est par suite de la misère dans laquelle je me suis trouvé. Du reste, plus d'un vol *s'est commis* et *se commettra*, si l'on ne revient pas sur cette mesure qui consiste à nous laisser sans ressource dans ce pays-ci ».

Cazence (Ernest), transporté de la même catégorie, également prévenu de vol, faisait dernièrement la réponse suivante :

« Si l'administration ne prend pas des mesures plus bienveillantes à notre endroit, *nous sommes en grand nombre à Cayenne qui serons obligés de voler pour vivre.* Tous les jours de nouveaux transportés arrivent des pénitenciers, et il n'y a guère d'emplois à Cayenne. On laisse à chacun de nous le soin de se rapatrier à ses frais, mais 600 fr. ne sont pas faciles à trouver pour qui n'a rien ».

Peut-on rien ajouter à l'éloquence d'un pareil langage?

Nous avons dit à quelle fin l'administration a violé toutes les dispositions protectrices, en jetant résolùment les yeux sur la ville de Cayenne elle-même, et en se mettant en devoir d'y établir le quartier général des libérés.

Pour couronner l'œuvre, elle a édifié, sans se soucier de nos réclamations, un pénitencier sur les terrains situés au bord de la mer, et touchant aux propriétés de la ville.

Quel danger ne sera-ce pas pour la santé publique, surtout en temps d'épidémie, qu'une telle agglomération d'hommes au vent de la ville ?

Il n'est pas nécessaire d'ajouter qu'un tel voisinage a pour résultat d'affecter plus encore toutes les commodités de la vie, et les intérêts si compromis des pauvres propriétaires.

Ceux-ci n'auraient-ils pas à réclamer contre la dépréciation considérable que fait peser sur leurs immeubles la déplorable situation qu'on leur a arbitrairement imposée?

Nous n'entrerons pas dans le détail des faits de vagabondage, des évasions en ville et dans les habitations voisines, des troubles incessants qu'elles y occasionnent. Nous jetterons un voile sur les nombreux scandales d'une débauche éhontée, sur la prostitution étalée dans des repaires livrés à une dégradante et dangereuse promiscuité.

Et ici vient se présenter une bien triste réflexion : En considérant l'immigration asiatique (hommes, femmes et enfants), non-seulement au point de vue des intérêts coloniaux, mais aussi à l'endroit de la moralisation, n'a-t-on pas ce grave reproche à se faire, que ces immigrants aient à subir, eux aussi, la plus funeste influence dans ce milieu de corruption où on les a jetés à leur insu?

En vérité, on est confondu en présence de telles théories professées par une administration que doit inspirer le sentiment de la justice et du droit.

Aussi, le soin de notre honneur, de notre sécurité et

de nos intérêts les plus chers, nous font un impérieux devoir de renouveler de toute notre force et avec toute notre énergie, nos précédentes protestations contre un système qui ne tend à rien moins qu'à fouler aux pieds toutes les garanties qui nous ont été promises, à la face de la France, le 20 février 1852.

Nous faisons un appel solennel à l'opinion publique pour qu'il soit fait droit à nos légitimes réclamations. Nous demandons l'exécution pure et simple, sans détour équivoque, du programme de 1852, et nous espérons que si la justice, en France, n'est pas un vain mot, nos plaintes seront écoutées.

Que l'on taxe notre récit d'exagération, nous prenons l'engagement de signaler à la conscience publique nos preuves longuement préparées et recueillies, et nous attendrons, avec la résolution et la confiance qui accompagne toujours le bon droit, la suite qu'il plaira au gouvernement de donner à nos légitimes et trop douloureuses réclamations.

Pour apporter le remède que comporte le triste état de la colonie, il faudrait, en rentrant dans l'exécution du programme de 1852, circonscrire le pénitencier dans les terres comprises entre Kourou et le Maroni, et y favoriser l'introduction des familles qui demanderaient à rejoindre leurs parents condamnés.

Bien que cette partie du territoire fût spécialement affecté à la transportation, le reste de la Guyane ne serait point fermé, dans une juste proportion, aux libérés qui, en raison de l'état de leurs dossiers et de leur retour sincère vers le bien, mériteraient de rentrer dans le giron de la société.

La colonie exclusivement agricole, comprise entre Kourou et l'Amazone, reprendrait ainsi, de son côté, son ancienne sécurité, ses traditions honnêtes et tous ses attraits, et verrait se réaliser, avec l'immigration des races asiatiques et africaines, celle des capitalistes européens, qui n'hésiteraient plus, en présence des découvertes aurifères et de la fertilité exceptionnelle de notre sol, à importer dans la Guyane leurs capitaux et leur industrie.

9 782013 663878